Christine Scharlipp
am_roten_Faden_der_Worte

AF236672

Christine Scharlipp

geboren am 09.10.1964 in Warburg und aufgewachsen am Bodensee, befindet sich im täglichen Dialog mit ihren Texten. Diese wiederum sind im Gespräch mit ihrem Leben: Abitur, Lokaljournalismus, Studium, Ausbildung zur Restaurantfachfrau und zur Altenpflegerin. Glücklich zuhause angekommen im Oberbergischen Land schreibt die Autorin auf ihrer Homepage www.christinescharlipp.de über Texte und Textiles. Das Wirkliche kann ihrer Meinung nach mit Schlagworten nicht getroffen werden; kann allenfalls geschrieben werden als Gedicht.

Als Einbandbild für dieses Buch wurde das Foto einer Filzmatte verwendet, hergestellt von den Tuwa-Nomadinnen der Kunsthandwerkerinnen-Kooperative Tsengel im mongolischen Hohen Altai-Gebirge. Die Frauen fertigen aus der Wolle ihrer Schafe und Yaks Sitzmatten, Kleidung und die Hüllen ihrer Jurten. Sie nähen ihre Kleidung, den mongolischen Deel, häufig selbst und die Autorin erlebt ihre herzliche Gastfreundschaft während mehrerer Reisen in die Mongolei.

am_roten_Faden_der_Worte

Christine Scharlipp

Gedichte

Bibliografische Information der Deutschen Bibliothek
Die Deutsche Bibliothek verzeichnet diese Publikation in der Deutschen Nationalbibliografie; detaillierte bibliografische Daten sind im Internet über
http://dnb.ddb.de abrufbar.

Titelfoto: Christine Scharlipp
Layout: !zeichen.seTzung – Uta Lösken, Reichshof
Herstellung und Verlag: BoD – Books on Demand, Norderstedt

ISBN 9-783752-625547

Marias Bild und Rilke

Lesen ist Atmen
Schreiben ist Atmen

eine Nabelschnur
aus Worten

zum Weltinnenraum

äußerer Luftknappheit
zum Trotz

Handwerkskunst

eintauchend
in das Meer
aus Worten

finde ich dort
am roten Faden
mein Leben
tropfnass

es riecht
nach Wolle
und ist bunt

Zwiesprache

buntes Laub schmückt
die Wiedergeburt aller Wesen
in der Umarmung unserer Worte

mehr Worte
quellen
umfließen
mich
plätschern
verspielt herum

locken andere
Worte aus
dem dunklen
Erdreich des
Innern
verbinden sich
versickern

kehren zurück
entspringen neu
als Zeichen
im äußeren Bild

sind der lächelnde Fluss
vor meiner Haustür
gespeist erst
aus Tränen der Trauer
dann aus jenen der Freude

Sehnsucht der Erde

kann man
eine Quelle
verpflanzen,
sag?

Dein Land sein
mit allem

ein immerwährender
frühlingshafter Tag
kleidet mich ein

umwebt mich
mit weiß leuchtenden
Wolkenstreifen

legt darauf
die Farben der Sonne
die Farben des Himmels
Blau und Rot
im Wechsel wie
eine schützende Hand

glücklich erbebend
stehe ich auf
berge die Rosen

einmal hast
Du von mir
verlangt
Brot
zu sein
Wasser,
Wein

einmal
für
immer

Land in den Augen
der Meerjungfrau

unter der
tanzenden
Oberfläche der
Buchstabensee
liegt tiefer
wieder ein
Buch
und darin
noch
weitere

erzählen von Dir
und mir
Worte werdend
sind wir

und klingen
den Zeichen
zur weiteren
ewigen
Freude

Müdigkeit
deckt die
Sehnsucht
nur knapp
bald kommt
der Schnee

dünner Firnis
auf dem Papier
was mein Leben
ist mit Dir

immer schimmern
Buchstaben durch

wachsen weiter
vorerst unbemerkt
ranken den Frühling

Akelei

frühlingsfrische
blaue Blume
auf Blättern
perlendes Wasser
zögerlich
wiederkehrende Sprache

Dein Wasser in
Ruhe das Meer
zu Schnee
geworden

wärmt das
Land deckt
es vor zu
scharfem Wind

weiß die Seite
darauf
ein paar Spitzen
Grün sind
Worte

wie Fühler
vor Weihnachten

am Ende des Tages

Dein Bett sein
Dein Tisch
Dein Stuhl
Dein Haus

wortlos zu Dir
sprechen

am Grund des Daseins, morgens

die Welt aus Worten
streckt mir ihre Arme
entgegen fängt
mich auf Dir
gehorchend

empfängt mich
in den Momenten
ohne Hoffnung

mit einem
Ausrufezeichen
welches Du bist

am roten
Faden entlang
wache ich
weiter finde
alles und dabei
kein Ende

webe
eine Brücke
eine Welt
aus Worten

dazu mir
Sicherheitsnetz
und Führungsleine

Quelle

müsste ich
nicht jeden
Morgen das
Datum über
diesen Zeilen
neu schreiben –
ich wüsste

nicht, wer ich
bin wo

ob?

Geburten

sanft gleiten
das alte Jahr
ins neue
das neue Jahr
ins alte

unbeeindruckt
von allen
künstlichen
knallenden
Lichterkaskaden
die trachten
die Zeit zu
zerschneiden

lauschen dahinter
der ruhigen dunklen
wärmenden Nacht
flüstern sich
wahre Geschichten zu

Dichtertreffen

fröhliche
bunte Schnipsel
vom Sturm
angeweht
tragen leuchtende
Buchstaben
durch die
nasse Dunkelheit
überstrahlen
ganz leicht
alle künstlichen
Lichter als
lebendes Bild

Hauch des Sommers

sehend
meinen Körper

fühle ich
Deine Augen
mich ertasten

Deine Hände
mich schauen

ruhe zitternd
im nächtlichen
Himmel

Deine Nähe

zuerst
Dich in mir
hörend

Dich in mir
sehend und
fühlend

und mit Dir
sprechend

gehe ich
sodann
ein in
Dich in
mir

Du mein
geheiligter Raum
umgibst mich
ganz

kommst mir
entgegen
in Allem

die Welt
wird ein
liebender Ort

Die Zeichen
reichen weit

nach innen
nach außen

ihre Bedeutung
entscheiden wir

jeden Tag neu

Zeit-Räume

der Tag
bist Du der
mich umhüllt
die Nacht

beide atmen
gleichzeitig

lesend lebend

Dein Gesicht
auf jeder Seite
welches Buch
auch immer
ich aufschlage
in mir außer mir

vorsichtig
berühre ich
jede Zeile

vorsichtig
berührt mich
jede Zeile

Nest und Küken

flaumfederleichter
heller Raum um mich

und ich bemerke
schließlich seine Wärme
und die vielen Gesänge

Reisen

alle Horizonte
aller Länder
sind hier
in mir
auf dem
Papier

und so
mir näher
als wäre
ich selbst
dort

dort fern
von mir von
Stift und Papier
wäre ich
vielleicht
nicht hier

Italien

alles Grün
in einem
glitzernden
kristallenen Glas

dunkelnd
nach Weinlaub
schattigem Wald
flirrender
Sommerhitze

ein Versprechen
ergießt sich
ergibt sich
dem Abend

Mein Sommer
ist ein Kind

umhüllt vom
Kieferduft

entsteigt
sonnigem
Waldboden

das Wasser
ist warm

und trägt

Überleben

kaum dass ich
die Decke
des Morgens
beiseite schiebe
mich ihr
entwinde
erdrückt
fast ohne Atem

meinem Gefühl
folge gezogen vom
Faden der
Schrift welcher
mir endlich
Luft zuführt

Wolkenstreifen

Fäden, Schriften
die sich treffen
überkreuzen

golden leuchten
auf dem Tuch
aus blauer
Dämmerung

mit rötlich
weißem Saum
der Horizonte
Zeiten

sie klingen
wie Saiten
gerade
angeschlagen

sprechen wie
Seiten
gerade
aufgeblättert
für immer

Die Welt
ohne Dich
ist mir unwesentlich
ist mein Grab

wären da nicht
Deine Worte, sie
entspringen allem,
was Du berührst
so auch mir

wiegen mich und
sind mir Heimat
und Dir

zitternd
in ihrer Glut
werde ich

neue Zeit

wer sagt denn
dass der Tag
der Tag ist

die Nacht
die Nacht

vielleicht
ist es gerade
umgekehrt

wer sagt denn,
dass der Winter
kalt ist

jetzt
da Du mir
– eines Morgens –
Deine Hand
gereicht hast

ganz ohne
Handschuh

der angeblichen
Kälte zum Trotz

eine Zeit

alle Momente
dehnen sich
aus über
mein Leben
hinaus

reichen
weit in die Ewigkeit

schenken mir
mein Jetzt
in Dir

Lotus

Himmel und Erde
tanzen in meiner Seele

barfuß
einen
Sommer

sind ein Park
sind ein Buddha

ruhen aus

von allen
geheiligten
Wünschen

lächeln
Dir zu

rotes Meer

die Schrift
ist mein
tiefstes Wasser

in das ich
immer
eintauche
ohne Angst
in dem ich
immer
atme

alle Welten
dort verdichtet

unter der
Oberfläche
aller Dinge

UmGebung

Du sprichst
aus meinem
Herzen
aus meinen
Augen
aus meinen
Händen

springst
über

als zärtliche
Flamme

verwandelst
Dich

in alle Wesen

Herbst und
aus traurigen
Rosen sind
frohe Hagebutten
geworden

Freundschaften

im frohen
Beisammensein
mich selbst
vergessen
und Dich

mich selbst
gefunden
und Dich

Tanz meiner Geister am Morgen

ich entfließe zu Dir

führe mit mir
die unendliche
Linie das
unendliche
Gedicht und
das Gesicht
von Beuys

zuhause

heute ein Tag
aus weichen weißen
Flöckchen ineinander
gedichtet

zur Zeltfläche
zur Zeitfläche

Wände und Dächer
aus Stoff

für Träume

Tabula rasa / Leipzig

die glänzende
Haut abziehen

erst
rauh
unverputzt
kahl
unfertig

ist alles da

.

Vorbereitung

viele Blätter
unaufgeschlagen

ruhen
decken
schaffen
Wärme

der Schnee
kann kommen

Vorfreude

soviel
Frühling
in mir

ich liege auf
der grünen
Wiese
meiner
Jugend

diesmal
mit Dir

Uhrzeiger-Sinn

so sehr
die Zeit
auch vergeht

so sehr
komme ich
jedes Mal
bei Dir an

der Kreis der Zeit
verdichtet sich

zu ihrem
Mittelpunkt

und bleibt

angeschaut

durchsichtig
wie Glas
mein Leben

nach zwei
Seiten geöffnet
und ein Spiegel

zeigt beide Seiten gleichzeitig

und alle
Zeichen
malen sich
gleichzeitig

in alle Himmel

Seelenpflanze

Dir zuliebe
lebe ich

sehe gerne
alles Schöne

alles Schöne
sieht auch mich

blüht in
mir weiter
fruchtet
wurzelt

sieht
auch Dich

wächst
in Dir
weiter

spricht

Nabelschnur

ohne
den Faden
der Trauer
ist mein Sommergewand
nur halb
schön und
wahr

er verleiht
ihm die nötige Schwere

so dass meine
Füße die
Erde gerade
noch
berühren können

Innenleben

die Haut
äußerst
gespannt
spröde
rissig
an manchen
Stellen

ich möchte
sie mir
abziehen
abkratzen

sehen was
darunter liegt

ob da
noch was ist

Baumspitzen

die Amsel zeigt
ihr schönstes Schwarz

entschärft Dein
Spiegelbild

ich mache alle
Fenster auf

der Himmel
ist schon rot

immer

schon singt
die Amsel
singt wieder
singt noch

die Zeit hält
kurz an
schaut auf
und vergeht

Gesang färbt
sich schwarz
reimt Ende
und Tod

ich stell'
mich
dagegen
mit Dir

Durst des Wassers

der Regen
kommt mir
heute sehr
nass vor

tränenfeucht

führt mich zu Dir

meine Lippen
berühren
Deine Haut

in Tropfen

flössen mich
Dir ein

wir grünen

Mündung

die Hitze
treibt mich
flussabwärts

aus sämtlichen Poren
sickert leise Leben

ich schließe
die Augen

von Wunden
getragen

Schönstes

gewogen
Du
gewiegt
ich

ich freue mich
und fühle
mich ganz
feierlich

kann mir
wieder auf
alles einen
Reim machen

Heimatland

die Gegend
hier ist
eine schöne
geworden

denn überall
bin ich
mit Dir
gewesen

habe Dir
alles gezeigt

zugeneigt
lebt nun
alles

Dir und mir

Folgen

der Faden verdichtet sich

gleich nach meinem Sprung

zum Sicherheitsnetz

welches ich dann
doch nicht brauche

da mir Flügel
auch noch
geschenkt
werden

Küchenfensterblick

der Schnee
der noch gar
nicht da ist

spricht mit
mir mahnt

alles zu tun

Auftrag

dichtester Raum
dichteste Zeit

mein Leben

spricht Dich

dichtet mich

spricht und
ich bin es nicht

sondern etwas
geht durch
mich hindurch

Erkenntnis,
die für mich gilt

wenn man nichts
unbedingt braucht

gehört einem alles

dies ist wohl
die Form von
Großzügigkeit

die wir dem Universum
zurückzugeben haben

für seine
unzähligen Geschenke

Wunder

heute habe
auch ich
den Mond
gesehen

und dann
die Sonne

das Unsichtbare
hat sich mir zugeneigt

pulsiert

verdichtet sich
zur Schrift

durchdringt uns

und die Welt

hält

Seitendialog

jeden Tag
einen Liebesbrief

jeder Tag
ein Liebesbrief

wir werden
geschrieben

WWW

meine Gedichte
sind ja
nicht nur

meine Gedichte

vielleicht
waren Deine
Tränen ja meine

ich wollte sie Dir
eigentlich nicht zeigen

Frühling

dieses Wort
enthält

Dich und mich

für immer

wann schreibe
ich wieder
ein Gedicht

ich weiß
es nicht

möchte lieber
eines sein

Deines

Reise

nun neige ich
zu kitschigen Zeilen
blütenreich umrundet

in mir lauter
laue Sommernächte

ich bin dabei
mir die Welt
schönzuschreiben

erstaunlicherweise
geht das und

ich fühle Dich
erleichtert
aufseufzen

aufgeräumt geträumt gefunden

meine Wohnung
Deine Sprache
meine Worte
Deine Orte
zuhause ist
nicht nur
ein Wort
sondern
der Ort
wo wir uns
immer neu finden

Tageszeilen

am Morgen
ist schon Herbst

mittags wird
Sommer

abends bist Du da

Reduktion

ich kann
nicht mehr
schreiben

ich kann
nicht mehr

ich kann

Seitenweise leben

in den vielen Zeilen
und Bildern eines Tages

ruhe ich mit Dir aus

schlafe ich mit Dir ein

werde mit Dir wach

und wir träumen

Spazierweg

der Herbst
ist noch
sommerlich

seine Bäume
farbentrunken

einmal rief
mich schon
der Rhein

grüßte auch
vom großen See

auf den Höhen
singt das Licht

liegt schon Schnee

zwei Seiten der Kraft

mein Glaube
dessen Hingabe

Dialog

der Tag
braucht
die Nacht

der Himmel
die Erde

Dunkelheit
das Licht

das Schweigen
wird sprechen

die Liebe
braucht uns

erhöhte Lesbarkeit

mein Leben
schreibt sich
zunehmend

wesentlich

leichter

am Bodensee

nun hast Du
alles gesehen

Hopfengärten
Apfelbäume

Bauernland

kennst
mit mir
den Duft
von Äpfeln
im Winter
und den der
Uferpromenaden

badest im
leichten Gold
barocker Kirchen
und ihrer Wasser

Datumszeile

das Leben ist
ein Wunder

welches sich
jeder Tag
neu erschreibt

Schrift

die Sonne
zeichnet

schwarze
Baumlinien
auf weißen Himmel

spielende
Vögel

ich bin

wie sie

frauliche Künste

messerscharf
Dein Schweigen

ich leite es
vorbei an allen
meinen fadenzärtlichen
Träumen von Dir

blute lieber selbst

bis die Träume
mich verbinden

und auch
das Messer
endlich einhüllen

Frühling

dieses Gedicht
beginnt anders

es lebt
vom Titel aus

so wie der
heutige Tag

dem ersten Gesang
der frühen Amsel
entspringt

Sommerlicht

kleine weiße Dinge
drängen in meine Hand:

Federn
ein Steinchen
weißer schöner
Samen der Pappel
Muscheln
innen weiß
außen schwarz

ich verstehe endlich
die Zeichen der Sanftheit
geboren aus Feuer

Zweckmäßigkeit

knechtet unsere Seelen
Schönheit wird verdächtig

Poesie unverstanden
lächerlich

warte bis Du
am Abgrund stehst

spätestens dann
brauchst Du die Kraft des Traums

die Seiten werden
weich wärmende Stoffe

umhüllen uns

den Text

Und was gibt es von der Autorin zu sagen,
was nicht in den Gedichten steht?

dort ist auch alles Wesentliche:

 geboren 1964 im westfäli-
schen Warburg, aufgewach-
sen mit einer Apfelwiese
hinter dem Haus in Tettnang
nahe des Bodensees.
Als Schülerin schreibt und
fotografiert sie für die
"Schwäbische Zeitung". In
Tübingen studiert sie Germa-
nistik und Romanistik.

Dabei fehlen ihr vor lauter Theorie irgendwann die
Menschen, das Leben und sie absolviert eine
Ausbildung in der Gastronomie. Als ein Gast ihr
sagt: „Mädle, Du kommsch' von dr Alb ra!", fühlt sie
sich angekommen und angenommen.

Es folgt eine Zeit großer persönlicher Krisen und sie
fängt wieder an zu schreiben. Sie schaut nach innen
in einer Zeit äußerer Weglosigkeit. Lernt in seinen
Seminaren den mongolischen Dichter und Heiler
Galsan Tschinag kennen und arbeitet im
Förderverein Mongolei e.V. für sein Baumprojekt.

Die buddhistische Lehre, die Bücher von Galsan
Tschinag, die Bilder von Hundertwasser sind immer
präsent; ebenso die These von Beuys, dass jeder
Mensch durch sein kreatives Handeln zum Wohl der
Gemeinschaft beitragen kann.

Zusammen mit der oberbergischen Gruppe
Wort.Werk veröffentlicht sie erste Gedichte.

Eine neue Ausbildung und Arbeit als Altenpflegerin
in der Betreuung geben ihrem Leben wieder einen
Sinn. Es beginnt die Zeit politischen Engagements in
der Klimaschutzbewegung und mit den Grünen, als
im Hambacher Wald Natur und Menschen missachtet
werden.

In ihrer Freizeit beschäftigt sich die Autorin
zunehmend mit der Bearbeitung von Wolle und
Stoff. Sie färbt Schafwolle von Hand mit
Pflanzenfarben, macht Arbeiten aus Filz und strebt
eine nachhaltige und naturverträgliche Lebensweise
an. Sie wird Teil eines Gartenprojekts.

Auf Reisen in die Mongolei zum Volk der
Tuwa-Nomaden sieht sie, dass der Mensch zum
Glück nur wenig Besitz benötigt und dass eine gute
mitmenschliche Gemeinschaft und respektvolle
Nähe zur Natur das Wesentliche sind.

Inhaltsverzeichnis

Weitere Gedichte von Christine Scharlipp:

Blattwerk

und die Blätter?
sie werden beschrieben wie ich
in aller Frühe meistens
wenn der Tag entsteht

aus Stille

Dieses zweite Buch besteht aus Gedicht-Blättern,
welche mich gerade heute trösten mit ihrem Grün, da
es draußen momentan so gar nicht farbig zu sein
scheint. Die Natur hat an ihm mitgeschrieben, wie an
mir auch.
Christine Scharlipp

Taschenbuch, 108 Seiten, 9 Euro
Books on Demand, Norderstedt 2021
ISBN 9-783752-629347